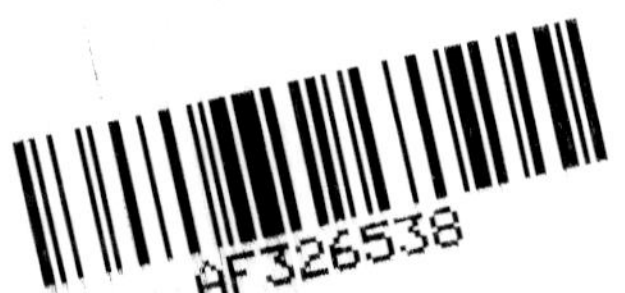
AF326538